Kleider, Kleider Kleider

Burckhard Mönter

ist Hochschullehrer und lebt mit seiner Familie in Wuppertal. Er hat zahlreiche Bücher und Drehbücher verfasst, in denen ökologische und naturwissenschaftliche Zusammenhänge veranschaulicht werden. Bei kbv LUZERN erschien bereits sein Buch *Grüner Reichtum: Die Regenwälder dieser Erde*.

Christiane Pieper

hat visuelle Kommunikation in Kassel und Düsseldorf studiert. Für ihr erstes Buch erhielt sie den Troisdorfer Bilderbuchpreis. Für den kbv LUZERN hat sie bereits *SCHAU MAL: Unsere Großeltern* von Nina Schindler illustriert.

Burckhard Mönter (Text)
Christiane Pieper (Illustrationen)
Schau mal: Kleider, Kleider, Kleider

© 1999 by Kinderbuchverlag Luzern (Sauerländer AG),
Aarau/Switzerland

Alle Rechte vorbehalten. Das Werk und seine Teile sind urheberrechtlich geschützt. Jede Verwertung in anderen als den gesetzlich zugelassenen Fällen bedarf deshalb der vorherigen schriftlichen Einwilligung des Verlages.

Reproduktion: Image
Druck und Bindung: New Interlitho
Printed in Italy

ISBN 3-276-00199-3
Bestellnummer 19 00199

Die Deutsche Bibliothek – CIP-Einheitsaufnahme

Kleider, Kleider, Kleider/Burckhard Mönter; Christiane Pieper.–
Aarau/Switzerland: kbv Luzern, 1999
(Schau mal)
ISBN 3-276-00199-3

Burckhard Mönter & Christiane Pieper

Schau mal

Kleider, Kleider, Kleider

kbv LUZERN

Seite 6 und 7

Seite 8 und 9

Inhaltsverzeichnis

Kleidung – unsere zweite Haut	6
Ver-kleidet?	8
Kleider machen Leute?	10
Kleider-Geschichte(n)	12
Kuriose Kinder-Kleider	14
Tierisch angezogen: Wolle und Seide	16
Wolle, die auf Bäumen wächst: Baumwolle	18

Seite 30 und 31

Seite 28 und 29

Seite 26 und 27

Seite 24 und 25

Natürliche und künstliche Fasern 20

Eine Jacke auf Weltreise 22

T-Shirt-City 24

Chemie-Cocktail in unseren Kleidern 26

Wo bleibt der Mode-Müll? 28

Einfälle statt Abfälle 30

Kleines Kleider-Einmaleins 32

Kleidung - unsere zweite Haut

Kleidung ist Klasse: In deinen Lieblingsklamotten fühlst du dich wohl – du ziehst etwas Buntes an und hast gute Laune – du bist in ein Teil verschossen und freust dich riesig, wenn du es bekommst – du trägst coole Klamotten und andere staunen – du hast die gleichen Sachen wie deine Freundinnen und Freunde an und alle sehen, ihr gehört zusammen – Kleider sagen viel über dich.

Aber wir tragen sie auch aus einem ganz praktischen Grund: Zu dünn angezogen frieren wir und bekommen eine Gänsehaut. Unser Körper ist nämlich viel wärmer als die Luft um uns herum. Wenn wir ein Sweatshirt oder einen Pulli überziehen, kommt es uns sofort wärmer vor. Dabei ist es außen um uns herum noch genauso kühl!

Was geschieht, wenn wir etwas anziehen?

Im Pullover ist zwischen den Maschen und den Fasern viel Luft eingeschlossen. Sie hält die Körperwärme zurück. Wenn du einen Pullover überziehst, hast du das Gefühl, in einem warmen Raum zu sein.

Die Anziehsachen schaffen um unsere Haut herum ein »Mini-Klima« mit warmer Luft, in dem wir uns wohl fühlen.

Schweiß auch verdunsten kann. Kleidung sollte deswegen nicht nur Luft speichern, sondern auch Feuchtigkeit hindurchlassen. Sonst kleben die Klamotten am Körper.

Wir atmen nicht nur durch Mund und Nase, sondern auch durch die Haut. Die Kleiderstoffe müssen deshalb auch Sauerstoff hindurchlassen. Richtige Kleidung hüllt uns in ein wärmendes Luftpolster und lässt Sauerstoff und Feuchtigkeit hindurch.

Nasse Kleider fühlen sich kalt an. Das Wasser lässt die Fasern zusammenkleben, für die Luft dazwischen bleibt kein Platz. Außerdem verdunstet das Wasser und dazu braucht es Wärme, die aus unserem Körper herausgezogen wird.

Auch unser Körper nutzt diese Wasserkühlung: Wird uns zu warm, schwitzen wir. Eine kühlende Wirkung hat das Schwitzen jedoch nur, wenn der

Mach Mit:

Warum hält ein Pullover warm?

Du füllst zwei gleiche Flaschen mit einem warmen Getränk. Danach ziehst du der einen Flasche einen Pullover über oder wickelst sie darin ein. Die andere Flasche lässt du einfach so stehen. Schon nach einer halben Stunde ist das »angezogene« Getränk noch immer warm, das »unbekleidete« kühlt immer mehr ab.

Von zwei gleichen Flaschen, die mit einem Getränk gefüllt sind, wickelst du eine Flasche in ein feuchtes Kleidungsstück (oder ein nasses Handtuch). Beide stellst du an einen möglichst zugigen Platz. Nach etwa einer Stunde probierst du die Getränke. Jetzt ist das feucht eingewickelte Getränk deutlich kühler.

Berufe raten

Ärztin oder Krankenschwester
Die weiße Kleidung der Ärztinnen und Ärzte, Krankenschwestern und Pfleger zeigt: Alles ist sauber und hygienisch.

Bäcker
Reinlichkeit ist auch beim Brotbacken wichtig! Außerdem, wie sähen Mehlspuren auf einer schwarzen Jacke aus …

Ver-kleidet?

Wir haben mehr Kleidungsstücke im Schrank, als wir brauchen um nicht zu frieren. Je nachdem, was wir vorhaben, suchen wir unsere Kleidungsstücke aus.

»Richtig« angezogen fühlen wir uns wohler!
Kleidung kann auch etwas darüber aussagen, welchen Beruf jemand hat.

Schornsteinfeger
… und Ruß auf einem weißen Overall?

Wenn du ein bisschen überlegst, fällt dir sicher ein, was die Kleidung, die du trägst, noch über dich verrät. In einer Gruppe ziehst du dich wahrscheinlich ähnlich wie deine Freundinnen und Freunde an. Wenn du unternehmungslustig bist, trägst du schräge Klamotten. An trüben Tagen, wenn alles ein wenig traurig ist, kuschelst du dich am liebsten in einen weichen Pullover.

Polizistin

Bei uns trägt die Polizei grüne Jacken. So erkennst du Polizisten und Polizistinnen schnell, zum Beispiel wenn du Hilfe brauchst.

Feuerwehrmann

Feuerwehrleute tragen blaue Schutzanzüge mit farbigen Leuchtstreifen. Der Stoff dieser Anzüge kann nicht brennen.

Richterin

Stoffe rot zu färben war früher besonders schwierig. Das Rot durften nur Könige, Kardinäle und diejenigen tragen, die Recht sprachen.

Kleider machen Leute?

Kleider können verbinden und trennen. Was Menschen tragen, hängt auch davon ab, wie und wo sie leben.

Mit den »richtigen« Klamotten zeigen wir: Ich gehöre dazu!

Jungen müssen nicht die Hosen anhaben.

Auf den Südseeinseln wickeln die Menschen die »Tappa« einfach über ihre Sachen, wenn sie besonders gut aussehen wollen.

Auch Religion kann sich durch die Kleidung ausdrücken.

Die Mädchen in der Mongolei haben überhaupt keine Röcke. Reiten gehört für sie zum Alltag, da sind Hosen praktischer.

Kleider-Geschichte(n)

Vor etwa 20 000 Jahren:

Die Kleider-Geschichte beginnt in der Steinzeit. Kleidung war vor allem als Schutz gegen die Kälte nötig, denn es war gerade Eiszeit. Die Steinzeitmenschen lebten auch von der Jagd. Deshalb hatten sie genügend Tierfelle, aus denen sie Kleidung herstellen konnten. Mit Nähnadeln aus Knochensplittern und Tiersehnen als Fäden wurden die Felle zusammengenäht. Bereits Neandertaler bemalten ihre Fellkleider mit Mustern.

Vor etwa 10 000 Jahren:

Im alten Ägypten stellten die Menschen Kleiderstoffe aus Pflanzenfasern her. Zu den schlichten weißen Gewändern trugen sie kostbare, mit Edelsteinen besetzte Krägen, die ärmeren Leute trugen Glasperlenschmuck. Manchmal hatten sie Sandalen an, aber oft gingen sie barfuß. Die Kinder liefen nackt herum.

Vor etwa 2 000 Jahren:

Vornehme Griechen und Römer trugen Gewänder aus einem einzigen, bis zu acht Meter langen, viereckigen Stück Stoff. Je kunstvoller der Träger oder die Trägerin die Falten warfen, umso höher war ihr Stand.

Im nördlichen Europa, wo es kälter war, wurde die Hose erfunden.

Vor etwa 1000 Jahren:

Im Mittelalter trugen Ritter beim Kampf und beim Turnier Rüstungen aus Blech. Könige, Fürsten und ihr Gefolge hatten prächtige Gewänder und zeigten so Reichtum und Macht. Ärmere Menschen hatten oft keine Kleider zum Wechseln und mussten ihr einziges Hemd oder ihre einzige Hose immer wieder flicken und ausbessern.

Vor etwa 200 Jahren:

Seit mit mechanischen Webstühlen Stoffe in immer größeren Mengen produziert und mit Nähmaschinen zu Kleidern verarbeitet werden konnten, gab es für immer mehr Leute neben der Arbeits- und Alltagskleidung auch den Sonntagsrock.

Heute:

Für uns ist es selbstverständlich, dass wir neben unserer Alltagskleidung auch Freizeitkleidung, Sportdress, Urlaubsklamotten und Disco-Outfit haben. Die Mode wechselt immer schneller.

Kuriose Kinder-Kleider

Im Haus der Großeltern gibt es immer etwas zu entdecken: Auf dem Dachboden steht eine geheimnisvolle Kiste – sie ist voller alter Kleider. Die alten Sachen anprobieren macht Spaß!

SCHON GEWUSST?
Jungen und Mädchen bis zum Alter von etwa vier Jahren wurden bis Anfang dieses Jahrhunderts gleich angezogen. Wenn ihr auf alten Fotos ein Kind in einem Kleidchen seht, könnte das auch euer Urgroßvater sein!

Großmutter und Großvater haben solche Kleider getragen, als sie so jung waren wie ihr heute. Vor etwa sechzig Jahren waren diese Sachen modern – für Kinder! Eine spezielle Mode für junge Leute war etwas Neues, denn noch früher wurden Kinder wie kleine Erwachsene angezogen – und auch behandelt.

Und wie ist es heute? Findest du unter deinen Anziehsachen ein Teil, das typisch »Kind« ist?

DIE JEANS-GESCHICHTE

Levi Strauß kam 1850 aus Bayern nach Amerika um dort sein Glück beim Handel mit Knöpfen, Garn und was sonst zum Nähen gebraucht wird, zu versuchen. Er beobachtete, dass die Hosen der Goldsucher, Cowboys und Holzfäller bei der harten Arbeit schnell kaputtgingen. Da kam er auf eine Idee, er erfand eine neue Hose: Als Stoff nahm er Schiffs-Segeltuch und schnitt es nach dem Muster der Schiffshosen aus der Hafenstadt Genua zu. Daher hießen diese Hosen Genuas und daraus wurde »Jeans«. Sie wurden mit dem Farbstoff Indigo blau gefärbt. Um sie besonders haltbar zu machen, wurden sie nicht nur genäht, sondern auch genietet. Heute sind Jeans das meistgetragene Kleidungsstück der Welt.

Die Kleidung von Kindern, Jugendlichen und Erwachsenen gleicht sich heute immer mehr aneinander an. Jeans trägt zum Beispiel jeder, vom Enkel bis zu den Großeltern.

Heute setzen die Klamotten von Kindern und Jugendlichen oft die Trends für die Kleidung der Erwachsenen.

Tierisch angezogen: Wolle und Seide

Schafe haben ein besonders dichtes Fell. Die Wolle wird mit Schermaschinen in einem Stück, einem Vlies, geschoren. Danach friert das Schaf, aber das Fell wächst bald nach. Das Vlies wird gewaschen und gesäubert. Die Wolle wird gekämmt, dabei strecken sich die Fasern. Sie werden zu einem Wollfaden versponnen und zu Stoffen und Kleidungsstücken gewebt und gestrickt.

Übrigens: Schafe bei uns werden nur als natürliche Rasenmäher gehalten. Heute stammt fast alle Wolle aus Australien und Neuseeland. Dort werden riesige Herden gehalten und die Wolle ist billiger als die bei uns. Bei so vielen Tieren können sich jedoch Krankheiten und auch Läuse und Zecken leicht ausbreiten. Die Tiere bekommen viele Medikamente und werden durch Bäder mit Schädlingsbekämpfungsmitteln getrieben.

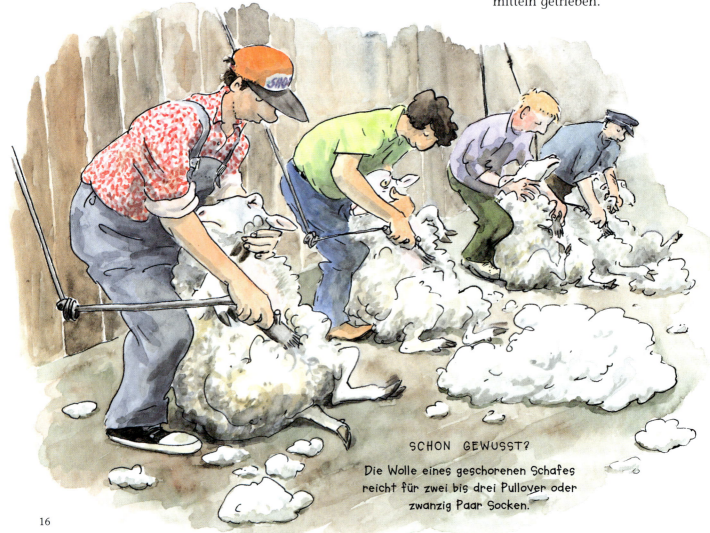

SCHON GEWUSST?
Die Wolle eines geschorenen Schafes reicht für zwei bis drei Pullover oder zwanzig Paar Socken.

Wolle

sehr gut:

⊕ hält besonders warm, weil ihre Fasern wie eine Ziehharmonika gekrümmt sind und dazwischen viel Platz für Luft lassen.

⊕ kann viel Wasser aufnehmen ohne sich feucht anzufühlen. Bei einem Pullover ist das etwa ein Trinkglas voll. Wolle nimmt das Wasser aber nur als Wasserdampf auf. Also das Wasser nicht darüber gießen!

⊕ ist von Natur aus fetthaltig, wird daher nicht so schnell schmutzig.

⊕ knittert nicht und ist elastisch.

nicht so toll:

⊖ Wollsachen verfilzen, wenn sie zu warm gewaschen werden.

⊖ Fast alle Wolle für unsere Pullover usw. ist um die halbe Erde gereist. Dabei wird viel Treibstoff verbraucht.

Auch Seide stammt von einem Tier, dem Seidenspinner. Das ist ein Schmetterling, der auf Maulbeersträuchern seine Eier ablegt. Die daraus schlüpfenden Raupen fressen nur diese Blätter. Sie werden heute auf Seidenraupen-Farmen gezüchtet und mit den Blättern gefüttert. Ehe sie sich in einen Schmetterling verwandeln, scheiden sie einen Faden aus. Sie spinnen ihn um sich herum zu einem Kokon zusammen. Der bis zu 3 000 Meter lange Faden lässt sich abwickeln, wenn dieser Kokon in heißes Wasser getaucht wird. Die Raupe stirbt dabei. Die dünnen Fäden werden miteinander versponnen und zu einem feinen Stoff verwebt.

Wolle, die auf Bäumen wächst: Baumwolle

Eigentlich müsste die Baumwolle Strauchwolle heißen, denn ihre Fasern wachsen in den Samenkapseln der Baumwollsträucher. Die etwa fünf Zentimeter langen, feinen Fasern sollen, ähnlich wie beim Löwenzahn, den Samen mit dem Wind forttragen. Bevor das geschieht, werden sie gepflückt. Die Baumwolle wird von den Samenkörnern getrennt, zu Ballen gepresst und zu einer Spinnerei gebracht. Dort wird die Baumwolle zu Fäden versponnen, mit denen Stoffe gewebt oder gestrickt werden können.

Die Baumwolle wächst in feuchtwarmem Klima und wird meist auf riesigen Feldern angebaut. Bei dieser Monokultur breiten sich Schädlinge schnell aus. Mehr als zwanzigmal werden Pflanzenschutz- und Insektenvertilgungsmittel gespritzt – und schließlich Entlaubungsmittel, damit die Blätter nicht stören und die Samenfäden mit großen Maschinen geerntet werden können.

Die Spritzmittel vergiften häufig die Arbeiter und auch den Boden.

Aber es geht auch anders: Die schädlichen Raupen können sanft mit Lockstoffen bekämpft werden. Vögel, für die Nistplätze geschaffen werden, halten Schädlinge in Grenzen. Auf die Chemie kann man weitgehend verzichten. Wird die Baumwolle mit der Hand gepflückt, sind auch keine Entlaubungsmittel nötig. Außerdem finden wieder mehr Menschen als Baumwollpflücker Arbeit.

Baumwolle

sehr gut:

- kann viel Feuchtigkeit aufnehmen.
- kratzt nicht auf der Haut.
- ist sehr reißfest.
- kann beim Waschen gekocht werden. Krankheitserreger überleben das nicht.

nicht so toll:

- Baumwolle knittert.
- Beim Waschen kann sie einlaufen: Hemd oder Hose sind dann kleiner.

SCHNELLER VERSCHLUSS

1851 entwickelte E. Hove den Reißverschluss für hohe Haftstiefel, die mit bis zu zwölf Knöpfen versehen und sehr umständlich an- und auszuziehen waren. Andere fanden die Idee wohl nicht so gut, sie geriet in Vergessenheit.

1893 meldete der Erfinder W. L. Judson einen Verschluss mit Haken und Ösen zum Patent an, der aber leicht von selbst aufging.

Im Jahr 1917 ließ sich der Erfinder G. Sundback erneut eine Reißverschlussversion und die Maschine zur Herstellung patentieren.

Im Jahr 1935 verwendete die Modeschöpferin Elsa Schioparelli zum ersten Mal Reißverschlüsse in Hosen.

Natürliche und künstliche Fasern

Hier wachsen leichte, angenehm kühle Hemden und Hosen heran. Der blau blühende Flachs hat stabile Pflanzenstängel mit langen, festen Fasern. Es kostet jedoch viel Arbeit und Zeit, bis daraus feine Garne entstehen. Sie werden zu leichtem, aber festem Leinen-Stoff verwebt. Für ein Hemd oder eine Hose braucht man die Stängel von dreißig bis fünfzig Pflanzen.

Leinen

sehr gut:

- angenehm auf der Haut – an heißen Tagen schön kühl.
- kann viel Feuchtigkeit aufnehmen.
- sehr haltbar und fusselt nicht.

nicht so toll:

- knittert schnell.

Die Hanfpflanze wächst sehr schnell, mehr als zwei Zentimeter am Tag, und wird bis zu drei Meter hoch. Hanf braucht nicht gedüngt zu werden und gedeiht auch ohne Insekten- und Unkrautvertilgungsmittel. Seine Wurzeln lockern die Erde auf und verbessern so den Boden. Früher wurde Hanf auch bei uns häufig angebaut. Aus den Pflanzenfasern wurden Kleider, Schnüre, Taue und Papier hergestellt. Die Baumwolle verdrängte den Hanf, weil sie billiger und leichter zu Stoffen zu verarbeiten war. Heute lassen sich mit neuer Technik aus den Hanffasern Jacken, Hosen, Hemden und Pullover herstellen, die unglaublich haltbar sind und dabei doch leicht und weich sind.

Hanf

sehr gut:

- Kleidungsstücke aus Hanf sind besonders haltbar.
- Die Pflanze verbessert den Boden.
- umweltschonend: Hanf wächst bei uns und erspart lange Transportwege.

nicht so toll:

- Kleidung aus Hanf ist teuer.

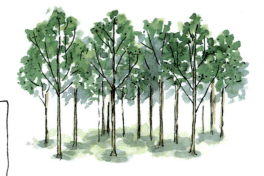

Acetat und Viskose

sehr gut:

- können Feuchtigkeit gut aufnehmen.
- können auch aus Holzabfällen hergestellt werden.

nicht so toll:

- nur bis 40 °C waschbar (die Fasern zersetzen sich sonst und das Kleidungsstück verliert die Form.)
- Ziemlich viel Chemikalien und Energie werden verbraucht um die Fasern herzustellen.

Man kann künstlich Fasern herstellen, die es in der Natur so nicht gibt. Holz kann man zum Beispiel mit Chemikalien auflösen, zu einer zähen Masse umwandeln und durch feine Düsen zu dünnen Fäden ziehen. Aus solchen »natürlichen« Chemiefasern werden Stoffe wie Viskose und Acetat hergestellt.

Gas, Öl und Kohle, die man aus der Erde holt, werden in Chemieanlagen zerlegt und zu ganz neuen Materialien umgewandelt, aus denen man dünne, glatte Fasern presst. Solche »synthetischen« Fasern, also Kunststoff-Fasern, sind zum Beispiel Nylon und Perlon, Polyacryl und Polyamid. Weil die Fasern gerade und glatt sind, lassen sich daraus schöne, glänzende Stoffe machen. Allerdings nehmen sie kaum Feuchtigkeit auf und du schwitzt in solchen Sachen leicht. Daher werden die Fasern nachträglich gekräuselt und aufgeraut.

Stoffe aus Kunstfasern

sehr gut:

- sehr reißfest.
- dicht gewebt und regenundurchlässig.

nicht so toll:

- nehmen kaum Feuchtigkeit auf.
- laden sich elektrisch auf und kleben unangenehm am Körper.
- nur bei 30 bis 60 °C waschbar.

Eine Jacke auf Weltreise

Die Jacke hat mehr Kilometer zurückgelegt, als Katrin in ihrem bisherigen Leben gegangen, gefahren und geflogen ist (alle Urlaubsfahrten mitgerechnet)!

Im Kaufhaus probiert Katrin die Jacke an, findet sie gut und kauft sie.

SCHON GEWUSST?

Von zehn bei uns gekauften Kleidungsstücken wurden neun in anderen Ländern hergestellt.

In Italien werden die Jacken mit anderen Kleidungsstücken sortiert und dann verteilt. Einige davon sind für Deutschland bestellt. Hier wird nachgeschaut, ob alles in Ordnung ist. Dann bekommt die Jacke ein deutsches Etikett.

T-Shirt-City

Ein Sonderangebot: T-Shirts zu einem Super-Preis! Katrin sucht sich ein rotes aus. Soll sie das gelbe nicht auch noch nehmen? Das ist doch ein Schnäppchen! Sie überlegt: Wie kann ein T-Shirt überhaupt so billig sein? Stimmt etwas dabei nicht?

Kim lebt in Tiropur, einer Stadt in Indien. Man nennt sie auch T-Shirt-City, weil viele der Hemden, die auf der ganzen Welt verkauft werden, aus dieser Stadt stammen. Fast alle Menschen hier haben damit zu tun, die T-Shirts herzustellen. Kim ist zwar erst sieben Jahre alt, aber auch er muss jeden Tag arbeiten.

Er schleppt die Kübel mit den Farbstoffen zu den Bottichen, in denen die Baumwolle gefärbt wird. Wenn etwas überschwappt, tritt er mit seinen bloßen Füßen in die Chemikalien. Oft steht er bis zu den Knöcheln in giftiger Brühe und bekommt Ausschlag an den Beinen. Er hat keine Zeit, zur Schule zu gehen. Kims Geschwister auch nicht. Sein älterer Bruder trägt die gefärbten, tropfenden Garne aus den Bottichen zu Gestellen, wo er sie zum Trocknen aufhängt. Seine Schwester näht wie seine Mutter die T-Shirts zusammen, immer die gleichen Nähte.

SCHON GEWUSST?

Gütesiegel können anzeigen, dass die Rohstoffe für ein Kleidungsstück menschenwürdig und umweltfreundlich erzeugt und verarbeitet wurden. Sie können auch Auskunft über verwendete Chemikalien und besondere Arten der Behandlung geben. Aber inzwischen gibt es viele dieser Öko-Label, man sollte sie genau prüfen und im Geschäft nachfragen.

Kims Vater hat auf den Baumwollfeldern gearbeitet. Er wurde krank von den chemischen Mitteln, die er auf die Pflanzen sprühte und dabei einatmete. Keiner hatte ihm gesagt, dass sie giftig sind. Schutzkleidung gab es nicht. Jetzt bindet er sich ein Tuch vor den Mund, das hilft ein wenig. Alle arbeiten den ganzen Tag, damit die Familie genug Geld zum Leben hat, denn die Löhne sind niedrig.

Die Stoffe werden gefärbt und genäht, wo es besonders billig ist – wo die Menschen wenig Geld verdienen und wo auf die Umwelt wenig Rücksicht genommen wird. Deshalb werden Kleidungsstücke von einem Land zum anderen hin- und hergeschickt.

Lässt sich da nichts ändern? Doch – wir können heute Kleidung kaufen, bei der die Menschen, die sie herstellen, besser bezahlt und ihre Umwelt nicht vergiftet werden. Man kann zum Beispiel darauf achten, dass die Farblösungen in geschlossenen Behältern aufbewahrt, transportiert und wieder verwendet werden. So kommt man mit weniger Chemikalien aus.

In solchen Projekten erhalten die Menschen einen höheren Lohn. Für uns verteuert die Kleidung sich dadurch nur wenig. Kaufen wir sie, könnte Kim zur Schule gehen und Neues lernen um nicht immer nur Farbkübel zu schleppen. Ein T-Shirt, das unter solchen Bedingungen hergestellt wird, ist etwas teurer, aber es ist seinen Preis wert.

Chemie-Cocktail in unseren Kleidern

Wenn deine Haut zu jucken anfängt und sich Pusteln oder sogar Ausschlag bilden, kann das mit deiner Kleidung zu tun haben. Kleider bedecken 90 % unseres Körpers und berühren ständig unser empfindlichstes Sinnesorgan, die Haut. Kleidung kann krank machen, denn oft steckt mehr als »reine Wolle« oder »reine Baumwolle« darin.

Für uns ist es selbstverständlich, dass die Sachen bunt sind – aber Schafe oder Baumwolle sind nicht bunt! Die Kleider werden gefärbt. Einige Farben enthalten Chemikalien, die besonders für Leute gefährlich sind, die an Allergien leiden.

Schwarze und dunkelblaue Stoffe enthalten besonders viel Farbstoff.

Die Anziehsachen werden nicht nur gefärbt. Damit sie sich weich anfühlen, nicht knittern oder einlaufen, sich nicht elektrisch aufladen, nicht so schnell schmutzig werden, bügelfrei oder leicht zu waschen sind, werden Textilien mit vielen Chemikalien bearbeitet.
Veredeln nennt man das und im Etikett steht oft: »Hochveredelt«. Auf solche Stoffe sollte man bei empfindlicher Haut verzichten.

Auch wenn auf dem Etikett »reine Baumwolle« steht, ist so manches T-Shirt nur zu drei Vierteln aus Baumwolle. Es enthält außerdem vieles mehr. Die Kunstfaser Polyacryl wurde beigemischt, damit es die Form behält. Das Formaldehyd-Harz bewirkt, dass der Stoff sich fülliger anfühlt. Weichmacher lässt ihn dabei weich und griffig erscheinen. Die Farbstoffe sollen durch so genannte optische Aufheller leuchtender werden.

KLEIDER-TEST

1. Kleider auch mit der Nase aussuchen: An den Sachen, die du kaufen willst, riechen. Nimmst du einen unangenehmen Geruch wahr: liegen lassen.

2. Ein neues Kleidungsstück unbedingt vor dem Tragen waschen, weil sich durch die Körperwärme manche der Chemikalien lösen und in die Haut gelangen. Oder sie steigen in Nase und Mund auf und wir atmen sie ein.

Kleidung, die unmittelbar mit der Haut in Berührung kommt, wie Unterwäsche oder Sportsachen, sollte mindestens zweimal gewaschen werden. Jeans dreimal waschen.

3. In Gardinen- und Vorhangstoffen können sehr viele Chemikalien enthalten sein. Keine Kleider oder Kostüme, zum Beispiel zu Karneval, daraus nähen!

SCHON GEWUSST?

»Die Kleider der toten Weißen« nennen die Menschen in Afrika unsere Altkleider. Anfangs konnten sie sich nicht vorstellen, dass bei uns so viele Anziehsachen weggegeben werden, und dachten, die Kleider stammen von Verstorbenen.

Wo bleibt der Mode-Müll?

Wohin mit deinem alten Lieblingspullover, wenn du ihn einfach nicht mehr sehen kannst? Oder mit der Hose, aus der du herausgewachsen bist?

In den Müll? Zu schade! Du könntest die Kleidung zum Beispiel zur Altkleidersammlung geben.
Was geschieht dort mit unseren abgelegten Sachen? Bei den Altkleidersammlern werden die Kleidungsstücke sortiert. Die besten kommen in Secondhand-Geschäfte, die sie weiterverkaufen. Die gut erhaltenen Teile werden an Bedürftige abgegeben oder billig verkauft. Wohltätige Organisationen schicken viele Sachen dorthin, wo Krieg, Erdbeben oder Überschwemmungen Verwüstungen angerichtet haben und die Menschen vor allem warme Kleidung dringend brauchen. Was gar nicht mehr zu gebrauchen ist, wird zu Putzlappen verarbeitet oder kommt auf den Müll.

Fast jedes zweite weggegebene Kleidungsstück landet in Afrika. Helfen wir damit den Menschen dort? Die Kleider werden auf afrikanischen Märkten so teuer verkauft, dass nur Leute mit genügend Geld, nicht aber die Armen sie sich leisten können. Die Sachen sind aber billiger als Kleidung aus dem Land selbst. Sachen, die im Land selbst genäht werden, können mit den Altkleidern aus Europa nicht konkurrieren und werden verdrängt. Viele Leute, die afrikanische Kleider herstellen, verlieren ihre Arbeit. Die fantasievollen Muster der Kleiderstoffe in Afrika geraten in Vergessenheit. Altkleider sind also nicht unbedingt gute Gaben. Besser ist es, bei der Organisation, die sie sammelt, nachzufragen, was damit geschieht.

Lieb gewordene Stücke lassen sich auch lustig aufpeppen. Ein simples T-Shirt wird zum Beispiel zum Fantasie-Shirt, wenn du Stücke von CDs darauf nähst, bunte Stoffreste oder Gummibärchen oder es mit Stoffarben bemalst. Dein Lieblings-T-Shirt mit tollem Druck oder lustiger Aufschrift, das leider die Form verloren hat, macht sich auch gut in einem Bilderrahmen als Wandschmuck.

Deine verschlissene oder zu kurz gewordene Jeans kannst du leicht in einen witzigen Rucksack verwandeln, den keiner außer dir hat: Du schneidest die Hosenbeine ab und nähst die Enden zu. Aus dem abgeschnittenen Stoff kannst du Träger schneiden und sie oben am Gürtel verknoten und unten ebenfalls annähen. Du kommst sicher selber auf noch mehr Ideen – denn Kleidung hält nicht nur warm: Fantasie und Spaß spielen auch eine Rolle!

Färben mit Pflanzen

Mach mit:

Du brauchst:
- einen alten Kochtopf
- 1 Liter Wasser
- etwas Salz
- als Farbe:
  3 Knollen Rote Beete oder
  2 Teelöffel Kurkuma oder
  3 Hand voll Birkenblätter
- zum Färben:
  weißes T-Shirt, Socken oder ein anderes Kleidungsstück aus Baumwolle

Früher haben die Menschen Stoffe mit Pflanzen gefärbt. Du kannst es selber ausprobieren. Ein helles Rot erreicht man mit Rote-Beete-Gemüse, ein leuchtendes Orange mit dem Gewürz Kurkuma und ein Gelbgrün mit Birkenblättern. Am besten lassen sich möglichst helle oder weiße Sachen aus Baumwolle färben.

In einen Topf mit einem Liter Wasser gibst du zwei oder drei Rote-Beete-Knollen oder zwei Teelöffel Kurkuma oder drei Hände voll Birkenblätter. Du kochst sie auf und lässt sie eine halbe Stunde ziehen. Dann siebst du Gemüse (du kannst es jetzt essen), Gewürz oder Blätter ab, löst in dem jetzt farbigen Wasser 4 Teelöffel Salz, tauchst das Anziehteil ein und lässt es 20 Minuten darin. Das gefärbte Teil wäschst du unter kaltem Wasser aus und hängst es zum Trocknen auf. (Mit Gummihandschuhen werden die Finger nicht bunt. Vorsicht bei Spritzern! Zieh am besten alte Sachen an, damit du nur das färbst, was du färben möchtest!)

Kleines Kleider-Einmaleins

9 Zehntel unseres Körpers sind normalerweise mit Kleidung bedeckt.

Mehr als **8** von zehn Anziehsachen kommen aus anderen Ländern.

Aus **7** Metern Stoff wickelt eine Inderin kunstvoll ihren Sari.

6 Mal wird zum Beispiel eine Jacke zwischen verschiedenen Ländern hin und her transportiert. Viele Kleidungsstücke haben bereits eine Weltreise hinter sich ohne getragen worden zu sein.

Etwa **5** Kilometer lang ist der Faden für ein T-Shirt.

4 von zehn an die Altkleidersammlung abgegebenen Stücken landen in Afrika.

3 Pullover kann man aus der Wolle eines geschorenen Schafes stricken.

2 Mal sollte jedes Kleidungsstück, das unmittelbar mit der Haut in Berührung kommt, gewaschen werden.

1-malig ist jedes selbst gemachte Kleidungsstück!